Armin Täubner

SCHNEEFLOCKEN-MOBILES

frechverlag

VON DEM BEKANNTEN AUTOR ARMIN TÄUBNER SIND IM FRECHVERLAG ZAHLREICHE ANDERE TITEL ERSCHIENEN. HIER EINE AUSWAHL:

TOPP 1840

TOPP 1846

TOPP 1848

TOPP 1976

TOPP 1983

TOPP 1979

Zeichnungen und Illustrationen: Armin Täubner
Fotos: frechverlag GmbH + Co. Druck KG, 70499 Stuttgart; Birgitt Gutermuth

Auflage: 5. 4. 3. | Letzte Zahlen maßgebend
Jahr: 2000 1999 98 97 96

ISBN 3-7724-2112-1 · Best.-Nr. 2112
Druck: frechverlag GmbH + Co. Druck KG, 70499 Stuttgart

Alle Jahre wieder dasselbe Schauspiel im Winter: Große und Kleine warten ungeduldig auf den ersten Schnee. Es ist trüb, regnerisch, nebelig, dazwischen mal ein klarer Tag – doch von Schnee weit und breit keine Spur …

Meist hat man die Hoffnung schon aufgegeben, da wirbeln plötzlich – oh Wunder – die ersten Schneeflocken doch noch durch die Luft. Und dann gibt es kein Halten mehr. Während die einen fasziniert das Spiel der Flocken verfolgen, tollen die anderen munter im Schnee herum.

Wer nicht länger warten will, sollte sich die Zeit mit ein paar anregenden Bastelstunden verkürzen. Wenn erst einmal die selbstgefertigten Schneeflocken-Mobiles im Fenster hängen, ist der Schneemangel gar nicht mehr so schlimm. Denn mit den Mobiles kann man die schönen Seiten des Winters zu Hause genießen: das Schlittenfahren, das Beobachten der Waldtiere an der Futterkrippe und vieles mehr …

SCHRITT-FÜR-SCHRITT-ANLEITUNG

1 Pausen Sie sämtliche Teile des Motivs mit Bleistift nebeneinander und ohne Überschneidungen auf Transparentpapier ab.
Anschließend wird das Transparentpapier auf dünnen Karton geklebt.

2 Die Teile werden mit einer Schere und/oder einem Cutter exakt ausgeschnitten.

3 Legen Sie diese Schablonen auf Tonkarton in der gewünschten Farbe, und zeichnen Sie dann die Konturen mit Bleistift nach.
Bei der Wolke werden bereits die Fadenlöcher eingestochen.

4 Schneiden Sie die Teile in der benötigten Anzahl aus.
Anschließend werden die Teile zusammengeklebt. Das Foto und die Vorlage geben Positionierungshilfen. Mit einem Tuschefüller können Sie Ihr Fensterbild noch bemalen.

5 Aus dünnem, weißem Karton oder Papier werden Streifen geschnitten. Zeichnen Sie mit Bleistift und Kreisschablone auf jeden Papierstreifen einen Kreis mit dem benötigten Durchmesser. Nun wird der Streifen ziehharmonikaförmig drei- oder viermal gefaltet und dann der weiße Punkt ausgeschnitten.
Sie können sich viel Zeit und Arbeit sparen, wenn Sie sich im Bürobedarf weiße Klebepunkte besorgen. Diese Punkte sind jedoch nicht in allen Größen erhältlich, so daß Sie sich eventuell für größere oder kleinere entscheiden müssen.

6 Binden Sie die weißen Fäden an die Wolke. Am mittleren Faden wird die Tannenspitze angeknotet. Nun können beidseitig die ausgeschnittenen Schneeflocken bzw. die Klebepunkte angebracht werden.
Eine weitere Variante wären gerissene Papierschnipsel. Man kann diese jedoch nicht beidseitig und deckungsgleich anbringen, so daß auf einer Seite der „Schneeflocken“ stets der Faden und der Klebstoff sichtbar bleiben.
Am schönsten ist das Fensterbild, wenn die Schneeflocken in regelmäßigen Abständen auf den Fäden angeordnet werden.

ENDLICH IST ES WINTER

Zuerst wird der weiße Pelzbesatz des rechten Ärmels (Strich-Punkt-Linie) samt Hand (punktierte Linie) am Mantel befestigt.

Legen Sie nun das rosa Kopfteil (punktierte Linie) in den V-förmigen Ausschnitt des Kapuzenmantels. Jetzt wird das weiße Haar-Bartteil (gestrichelte Linie) aufgeklebt. Danach kann der zweite Ärmel samt Besatz und Hand ebenfalls angebracht werden. Es folgen noch die schwarzen Stiefel, der weiße Mantelbesatz und der weiße Mützenpompon. Das Auge aufmalen.

Am Rahmen fixieren Sie die Wolke und die Schneefläche (gestrichelte Linie). Nun kann sich der Weihnachtsmann – den Kopf bequem auf den bemalten Geschenksack gestützt – in den Schnee legen und nach den Schneeflocken greifen.

An der Wolke werden die Fäden angeknüpft, auf die dann die Schneeflocken geklebt werden.

ICH GEH' MEINEN SCHLITTEN HOLEN

Ziehen Sie dem Teddy den blauen Schal an. Anschließend werden die Ohren und die Vorderbeine angebracht.

Mit einem Tuschefüller kann dann der Bär bemalt werden.

In der Schneetoröffnung befestigen Sie nun an den fünf Einstichstellen jeweils einen weißen Faden. Am mittleren Faden wird der Bär so angebunden, daß er sich frei drehen kann.

Verzieren Sie die Fäden mit beidseitig aufgeklebten Schneeflocken (ø 1,4 cm). Der Abstand zwischen den einzelnen Schneeflocken kann zwischen 1,2 cm und 1,5 cm schwanken.

WILLST DU MITFAHREN?

Der blaue Hut erhält ein gelbes Band, bevor er dem Schneemann aufgesetzt wird. Nun kleben Sie die Rübennase an. Das Auge wird mit einem Tuschefüller aufgemalt.

Bevor der Hase zusammen mit dem Schneemann auf den Schlitten gesetzt wird, müssen noch die Ohren aufgeklebt und das Auge und die Nase aufgemalt werden. Danach kleben Sie den Arm des Schneemannes an.

Am Innenrand eines weißen Kartonrings (Radius: 10 cm und 14,3 cm) werden fünf Fäden befestigt. Jetzt wird der Schlitten am runden Rahmen angebracht.
Aus Stabilitätsgründen kleben Sie einen Faden von hinten an den Hut des Schneemannes. Die anderen Fäden hängen entweder frei nach unten oder werden ebenfalls angeklebt.

HUNDELIEBE

Am roten Pullover werden von vorn der Schal und von hinten die gelbe Hose samt Stiefel befestigt. Der Kopf wird ebenfalls von hinten angebracht. Setzen Sie dem Jungen die gelbe Mütze auf. Erst jetzt kann das schwarze Haarteil (punktierte Linie) aufgeklebt werden.

Der Hund erhält ein grünes Halsband. Danach werden das Ohr und die Zunge fixiert.

Legen Sie den Hund auf den Bauch des Jungen, bevor Sie den Ärmel samt Handschuh befestigen. Die Gesichter malen Sie mit einem Tuschefüller auf. Nun kann sich der Junge auf den bereitgestellten Schlitten legen.

Die Wolke und die Schneefläche mit dem Schlitten werden auf einen hellblauen Kartonring (Radius: 11,8 cm und 16 cm) geklebt.

Abschließend befestigen Sie sieben Fäden an der Wolke.

VARIANTE:
Fensterbild ohne Rahmen

Künstler-Pech

(Abbildung Seite 15)

Auf das weiße Haar-Bartteil (gestrichelte Linie) kleben Sie das rosa Gesichtsteil (punktierte Linie) und die runde, rote Nase. Augen und Mund werden mit einem Tuschefüller aufgemalt.

●

Auf dem roten Kapuzenmantel werden die weißen Pelzbesätze und das Haar-Bartteil befestigt. Die beiden Schlittschuhe werden von hinten am Mantel fixiert.

●

Das Glatteis (gestrichelte Linie) wird auf der Schneefläche (durchgezogene Linie) angebracht, bevor der Weihnachtsmann darauf ausrutscht.

●

Die Wolke und die schneebedeckte Bodenfläche werden mit zwei Fäden verbunden. In regelmäßigen Abständen werden Löcher für fünf weitere Fäden eingestochen. Bekleben Sie die Fäden beidseitig mit runden Schneeflocken.

Hier wohnt der Weihnachtsmann

(Abbildung Seite 16)

Auf den roten Fenstern werden jeweils vier quadratische weiße Scheiben angebracht. Die Tür erhält zwei weiße Scheiben.

●

Dann kleben Sie die Schneehaube auf den Schornstein und die Fenster sowie die große Schneefläche auf das Haus.

●

Nun können die Tür, das Schneedach und die verschneiten Fenstersimse befestigt werden.

●

Jetzt wird das Haus am mittleren der sieben Fäden der Wolke aufgehängt. Der Durchmesser der Schneeflocken beträgt 1,2 cm.

HIER WOHNT DER WEIHNACHTSMANN

Beschreibung Seite 14

HUNGRIGE GÄSTE

Beschreibung Seite 18

HUNGRIGE GÄSTE

(Abbildung Seite 17)

Befestigen Sie die Schnäbel auf den Vögeln, und malen Sie die Augen auf.

Am Vögelhäuschen werden die Schneeflächen angebracht. Setzen Sie die beiden Vögel in die Schneeflächen vor dem Vogelhäuschen, und streuen Sie einige Körner aus.

Nun kann das Vogelhäuschen an einem Faden an die Wolke gehängt werden. Auf diesem Faden sowie vier weiteren Fäden kleben Sie Schneeflocken (ø 1,4 cm) fest.

DAS IST MEIN KNOCHEN

(Abbildung Seite 19)

Befestigen Sie an der Hundehütte (durchgezogene Linie) das Schneedach und die Schneefläche, und stellen Sie den gefüllten Futternapf in den Schnee.

Auf dem Hund werden das Halsband und das Ohr fixiert, danach werden die Nase und das Auge mit einem Tuschefüller aufgemalt. Kleben Sie den Knochen von hinten an der Pfote fest. Nun kann es sich der Hund in seiner Hütte bequem machen. Inzwischen hat sich die Katze auf dem Hüttendach auf die Lauer gelegt.

Die Hundehütte wird an zwei Fäden an der Wolke aufgehängt.
Binden Sie sieben weitere Fäden an die Wolke, und verzieren Sie alle mit Schneeflocken. Der Durchmesser der Schneeflocken beträgt ca. 1,4 cm.

WILDFÜTTERUNG

Kleben Sie auf die dunkelbraune Futterkrippe (gestrichelte Linie) zuerst das Heu (durchgezogene Linie) und dann das Schneedach (Strich-Punkt-Linie).

Die Tiere werden jeweils als ein Teil ausgeschnitten. Die Augen und die Nasen malen Sie mit einem Tuschefüller auf.

Auf dem dunkelgrünen Rahmen werden die Wolke und die Schneefläche befestigt. Stellen Sie nun die Futterkrippe auf die Schneefläche. Davor finden die hungrigen Tiere ihren Platz. Der Rabe sitzt auf dem Dach der Futterkrippe.

Nun können die Fäden für die Schneeflocken befestigt werden.

VARIANTE: Fensterbild ohne Rahmen

SPIELEN ODER FANGEN?

Die Ohren der Hasen werden separat ausgeschnitten und angeklebt. Danach bemalen Sie die Hasen mit einem Tuschefüller. Für die Augen verwenden Sie am besten eine Kreisschablone.

Nun können die beiden Hasen im Schnee um die Wette laufen: Erst den Baum, dann den dunkelbraunen und zum Schluß den hellbraunen Hasen fixieren.

Die Baumspitze wird mit einem Faden an der Wolke befestigt. An diesem sowie weiteren sechs Fäden werden die runden Schneeflocken in regelmäßigen Abständen angebracht.

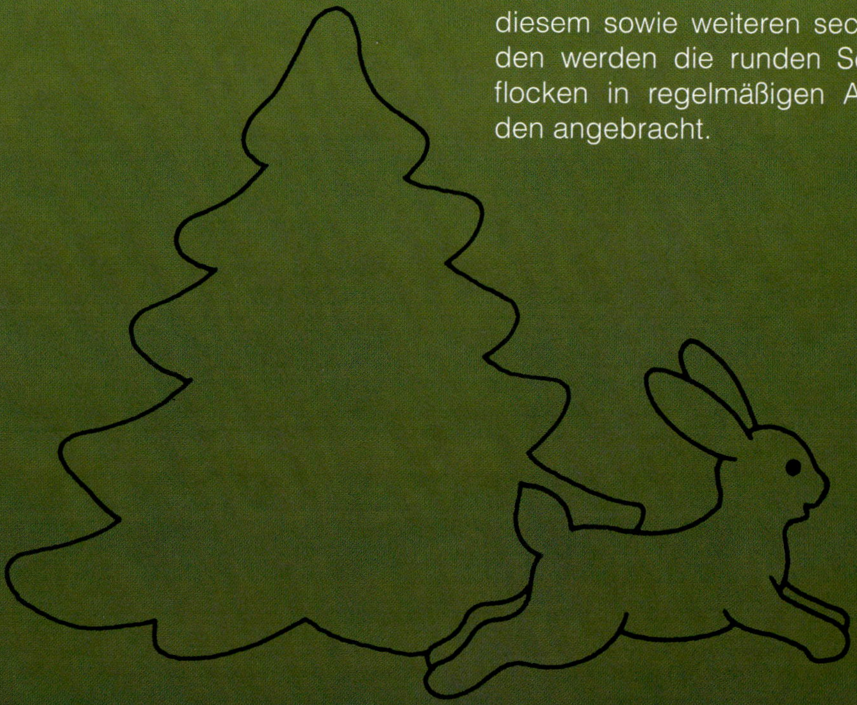

WO BLOSS MUTTI BLEIBT?

(Abbildung Seite 25)

Bringen Sie zuerst die Schneeflächen auf dem Torbogen und dem Boden des roten Rahmens an. Nun erhalten auch alle Zaunlatten – bis auf zwei – ein Schneehäubchen.

Am Kopf des Bärenkindes wird das weiße Schnauzenteil befestigt. Das Gesicht wird mit einem Tuschefüller aufgemalt. Zeichnen Sie das Gesicht eventuell leicht mit Bleistift vor. Beim Malen der Augen und später beim Aufzeichnen der Schneeflocken ist eine Kreisschablone sehr hilfreich.

Jetzt können Sie das Bärenkind hinter das Gartentor stellen. Kleben Sie die beiden Vordertatzen an.

Binden Sie am Torbogen in regelmäßigen Abständen sieben weiße Fäden an, die mit weißen Punkten (ø 1,2 cm) beklebt werden.

DEM HALSWEH KEINE CHANCE

(Abbildung Seite 26)

Zuerst fixieren Sie den Schnabel, den Flügel und die Füße auf der Gans. Nun können der fünfteilige Schal angelegt und die Mütze mit dem Pompon aufgesetzt werden. Malen Sie das Gänsegesicht mit einem Tuschefüller auf.

An der Wolke befestigen Sie fünf Fäden. Der mittlere Faden wird am Gänseschnabel angeknotet. Verzieren Sie die Fäden mit aufgeklebten Schneeflocken (ø 1,4 cm).

Wenn Sie möchten, können Sie die Gans auf eine Schneefläche (Strich-Punkt-Linie) stellen.

DEM HALSWEH KEINE CHANCE

Beschreibung Seite 24

ENDLICH EINMAL WEISSE WEIHNACHTEN

Beschreibung Seite 28

Endlich einmal weisse Weihnachten

(Abbildung Seite 27)

Legen Sie das rosa Kopfteil (punktierte Linie) in den V-förmigen Ausschnitt des Kapuzenmantels, und kleben Sie das weiße Haar-Bartteil (gestrichelte Linie) auf. Das Auge wird aufgemalt.

Versehen Sie das Päckchen mit Schleifenbändern.

Nun werden der Pompon, die Tasche samt Päckchen, der Ärmel und die Gürtelpasse angebracht. Die Stiefel befestigen Sie von hinten am Mantel. Danach fixieren Sie die weißen Pelzbesatzstücke auf dem Mantel.

Stellen Sie den bemalten Geschenksack und den Weihnachtsmann auf den weißen Rahmen.

Am bogenförmigen Rahmen werden fünf Fäden befestigt. Einen Faden kleben Sie von hinten am Kopf des Weihnachtsmannes fest.

Abschließend werden die Fäden mit runden Schneeflocken (ø 1,4 cm) verziert. Eine Schneeflocke geben Sie dem Weihnachtsmann in die Hand.

Sieh mal, der Weihnachtsstern!

(Abbildung Seite 29)

Legen Sie dem Hund das Halsband an, und fixieren Sie dann das Ohr.

Nun werden die Tiergesichter mit einem Tuschefüller aufgemalt. Setzen Sie den Hund und die Katze auf die Schneefläche.

Kleben Sie die Schneefläche und die Wolke mit dem Kometen auf einen blauen Kartonring (Radius 10,5 cm und 14,5 cm).

An fünf Fäden werden runde Schneeflocken (ø 1,4 cm) befestigt.

EIN WUNDERSCHÖNER WEIHNACHTSBAUM

VARIANTE:
Weißer Weihnachtsbaum

Jede Kerze mit einem gelben Kerzenschein versehen.

Danach können Sie den Tannenbaum nach Lust und Laune mit den Kerzen und den kleinen Sternen schmücken. (Den großen Stern noch nicht befestigen.)

Nun kleben Sie den Weihnachtsbaum auf den weißen Rahmen, der ebenfalls mit Sternen verziert wird.

Jetzt werden die fünf Fäden am Rahmen angebunden, wobei der mittlere Faden aus Stabilitätsgründen auch an der Baumspitze fixiert wird. Bringen Sie den großen Stern so auf der Spitze des Tannenbaums an, daß er den Knoten verdeckt.

Abschließend werden die runden Schneeflocken auf die Fäden geklebt.

HURRA, ES SCHNEIT!

Setzen Sie zuerst dem Schneemann den roten Hut mit dem gelben Band auf. Anschließend wird ihm der Schal umgebunden. Genau zwischen Hut und Schal kleben Sie die Möhrennase.

Die Augen und eventuell auch den Mund malen Sie am besten mit einem Tuschefüller und einer Kreisschablone auf.

Nun werden an der Wolke sieben Fäden angebracht. Am mittleren Faden befestigen Sie den Schneemann.

Die Schneeflocken (ø 1 cm) werden in regelmäßigen Abständen auf die Fäden geklebt.

TOPP 2112

DM 12,80
ÖS 95,—
SFr 12,80

Alle Jahre wieder warten Große und Kleine sehnsüchtig auf die ersten Schneeflocken. Ist es dann endlich soweit, sind alle begeistert. Während die einen fasziniert aus dem Fenster sehen und das Spiel der Flocken verfolgen, tollen die anderen munter im Schnee herum.
Mit Armin Täubners lustigen Schneeflocken-Mobiles können Sie sich diese fröhliche Atmosphäre in Ihre Wohnung zaubern. Dann heißt es auch bei Ihnen: „Hurra, es schneit!“

ISBN 3-7724-2112-1

TOPP

Margret Eisenbrandt

Mit Friesenbäumen durch das Jahr

it Vorlagen in
ginalgröße

TOPP

Hobbidee®

Zum Thema Basteln und kreatives Gestalten bekommen Anfänger und Fortgeschrittene vom frechverlag alles aus einer Hand:

- TOPP®-Bücher mit Anleitungen und Vorlagen in Originalgröße
- das passende Material von Hobbidee®
- viele kreative Anregungen in den Hobby-Tips, unserer Kunden-Zeitschrift
- alles erhältlich in Bastelfachgeschäften und -abteilungen sowie im Buchhandel
- Hilfestellung, Tipps & Tricks bei Fragen zu Büchern und Materialien von unserer Hotline:

Telefon:

0180 3 - 25 23 59*

Bei Anrufen aus CH / A bitte 0049 vorwählen

*0,24 DM/min

- frechverlag im Internet: http://www.frech.de

aus dem

frechverlag